DIESES BUCH GEHÖRT:

____

____

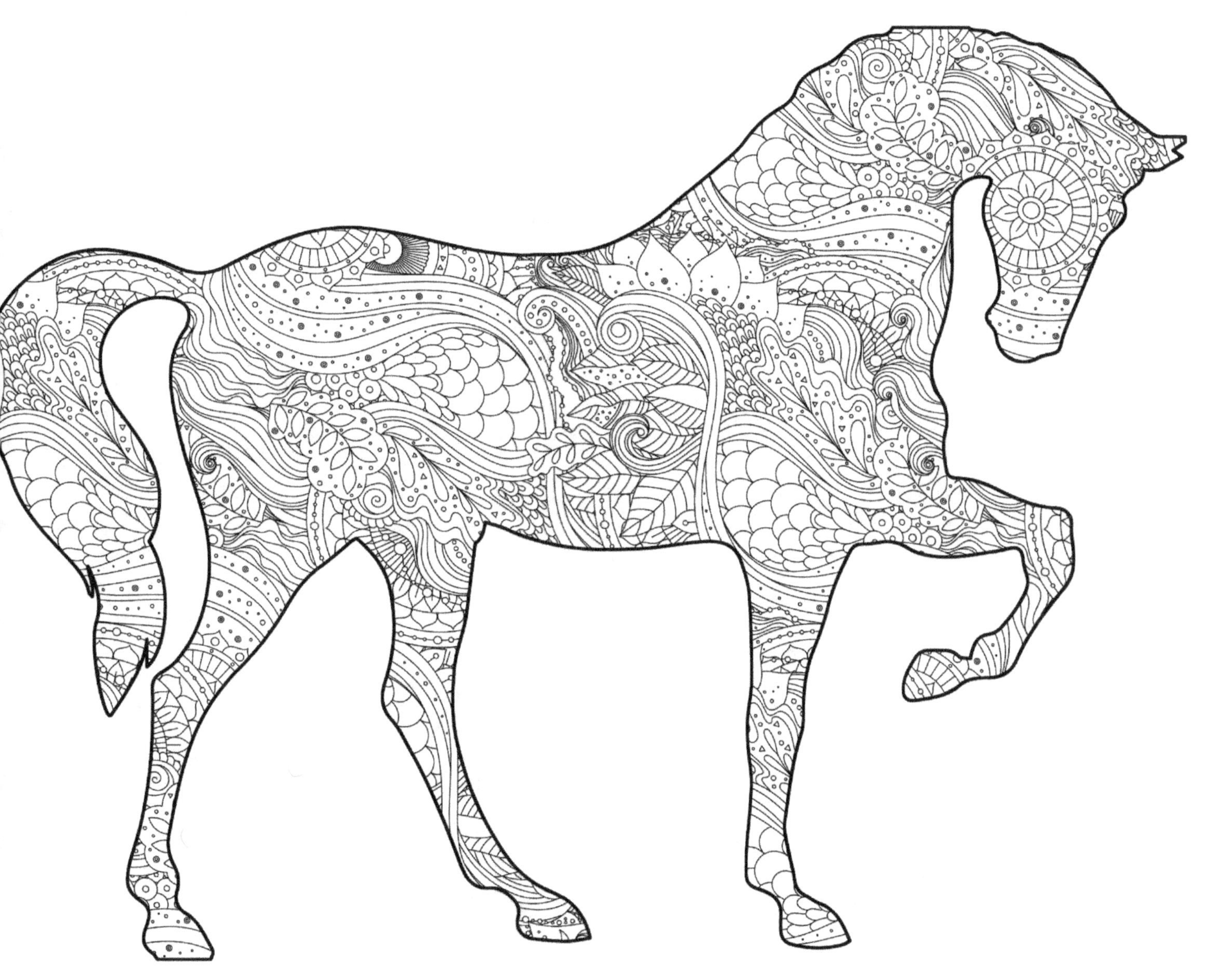

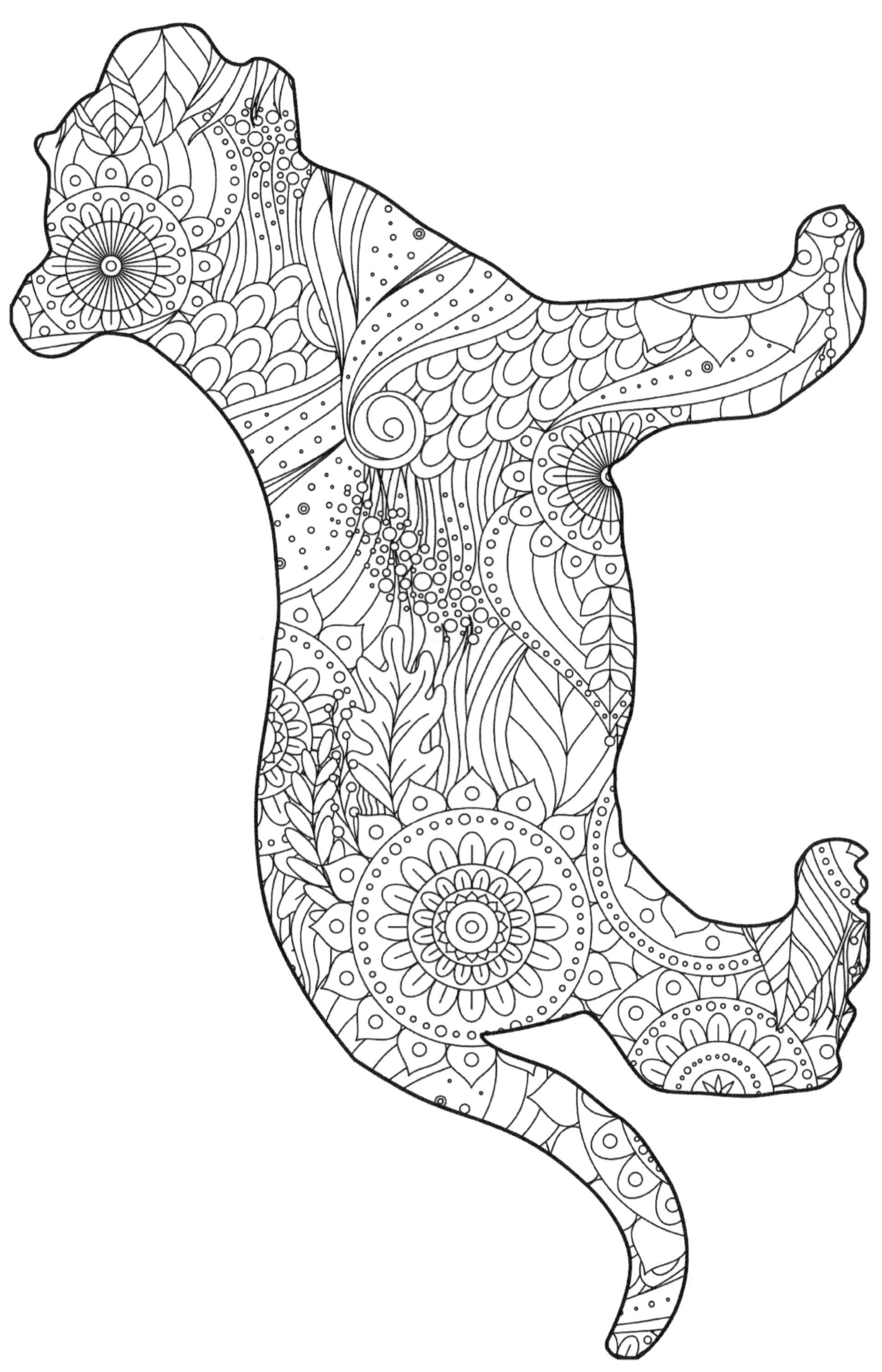

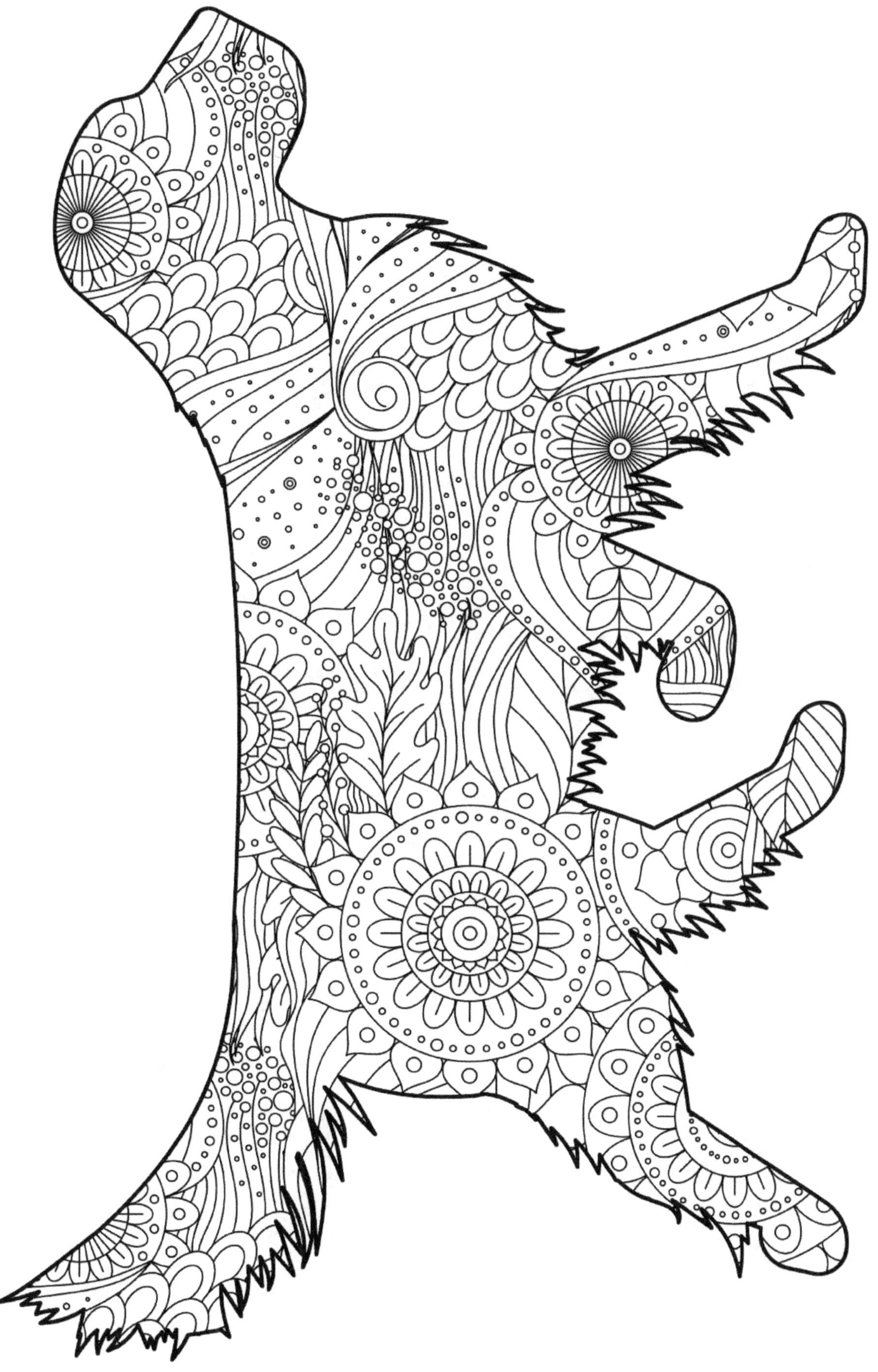

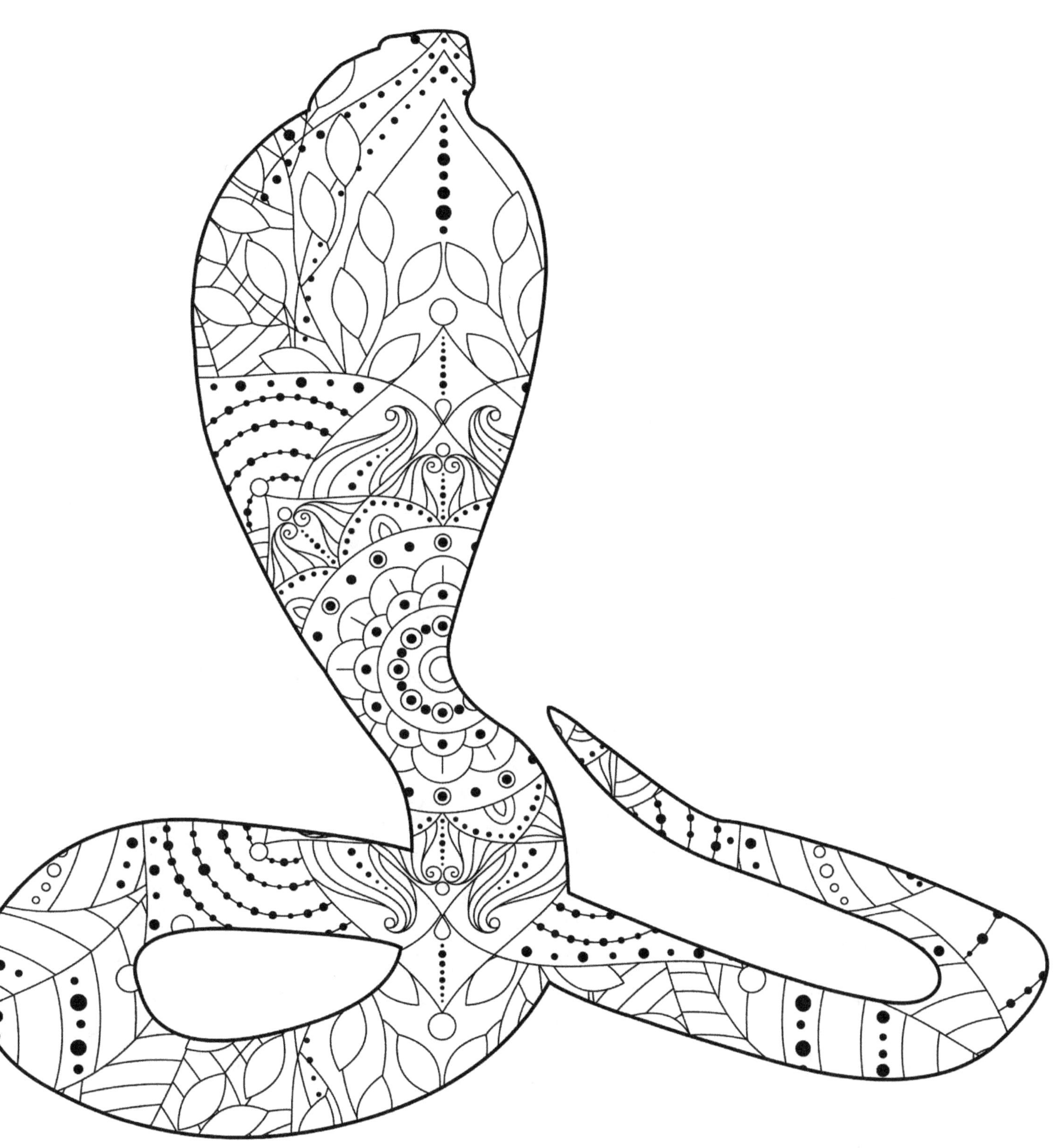

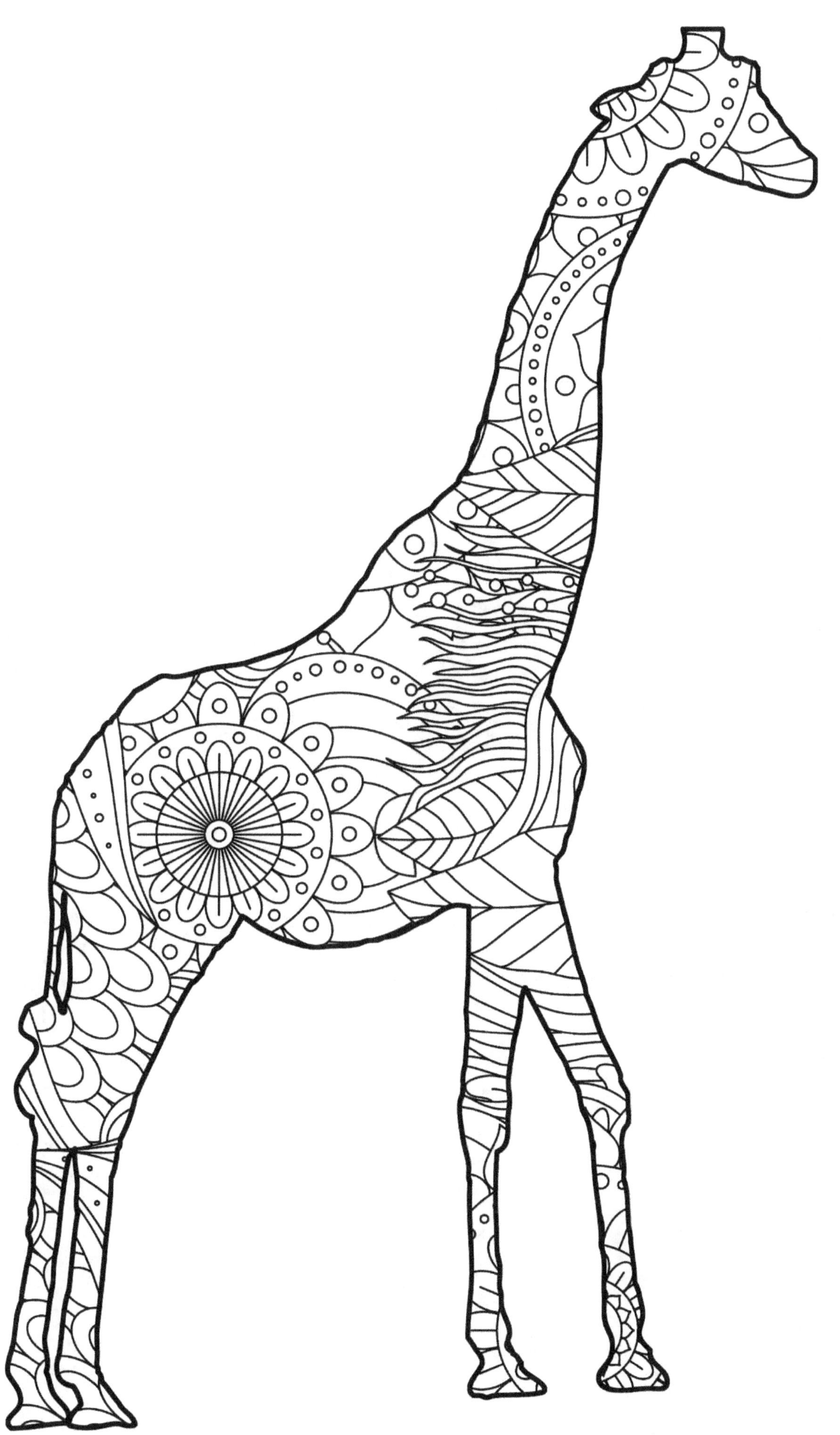

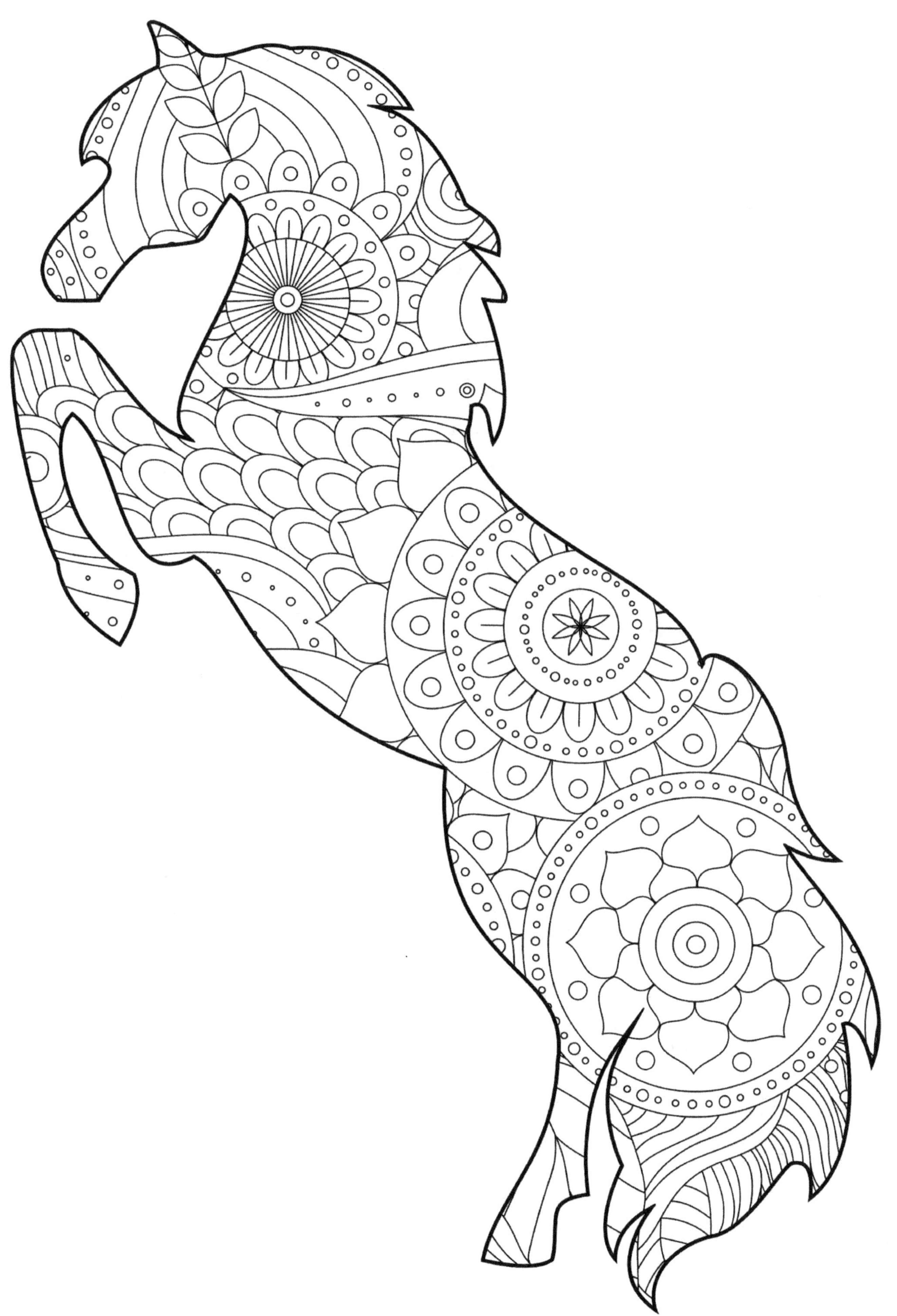

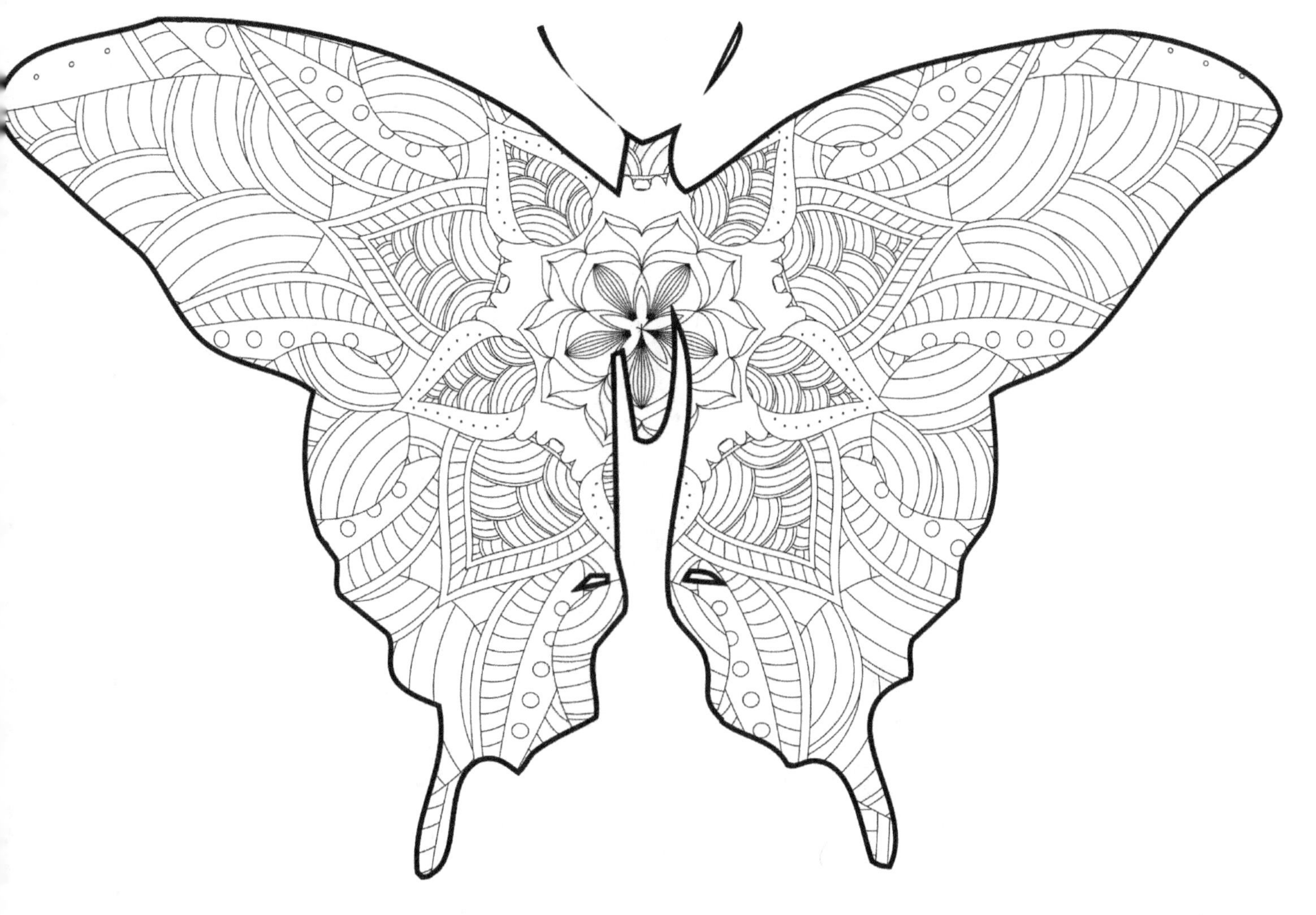

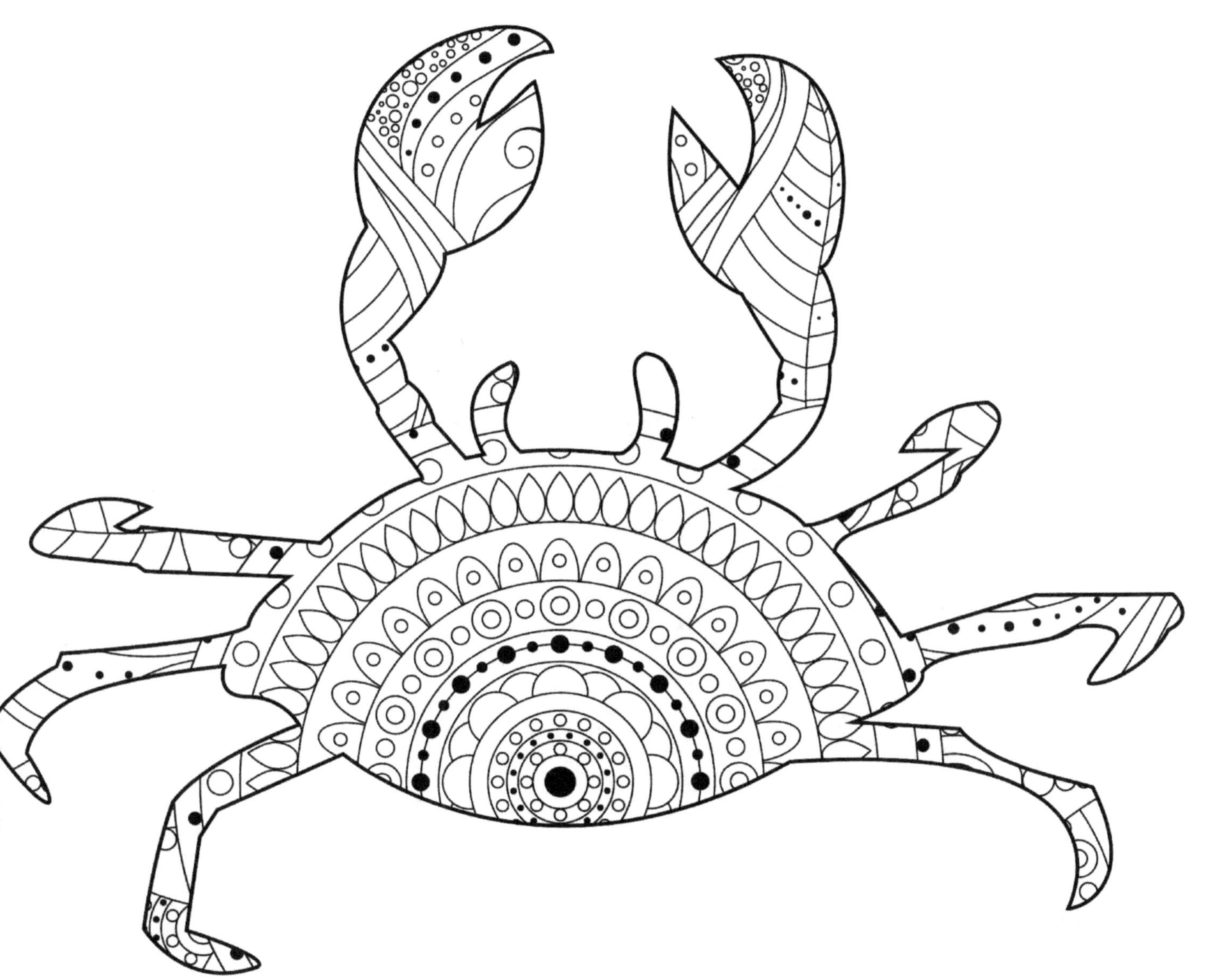

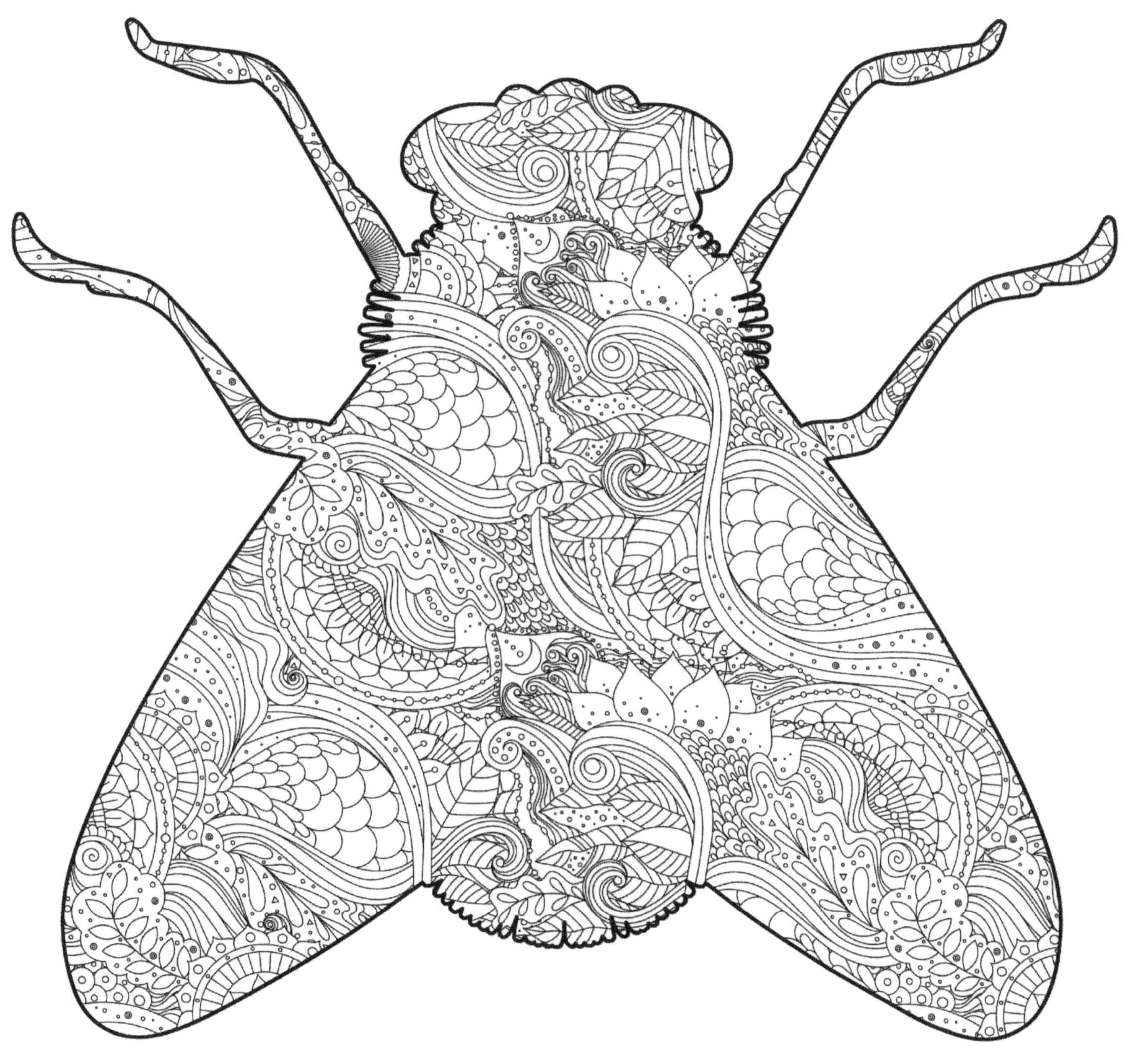

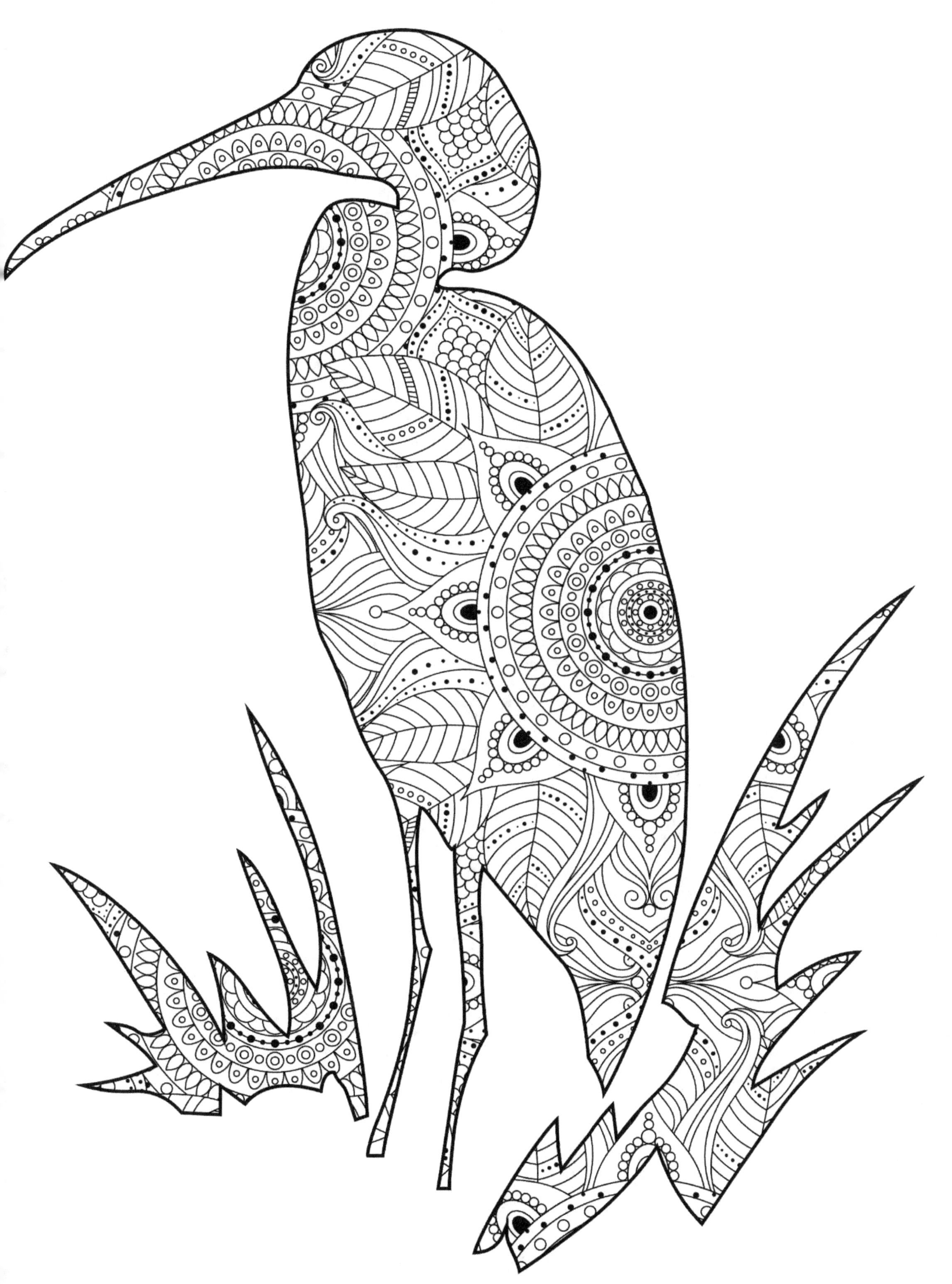

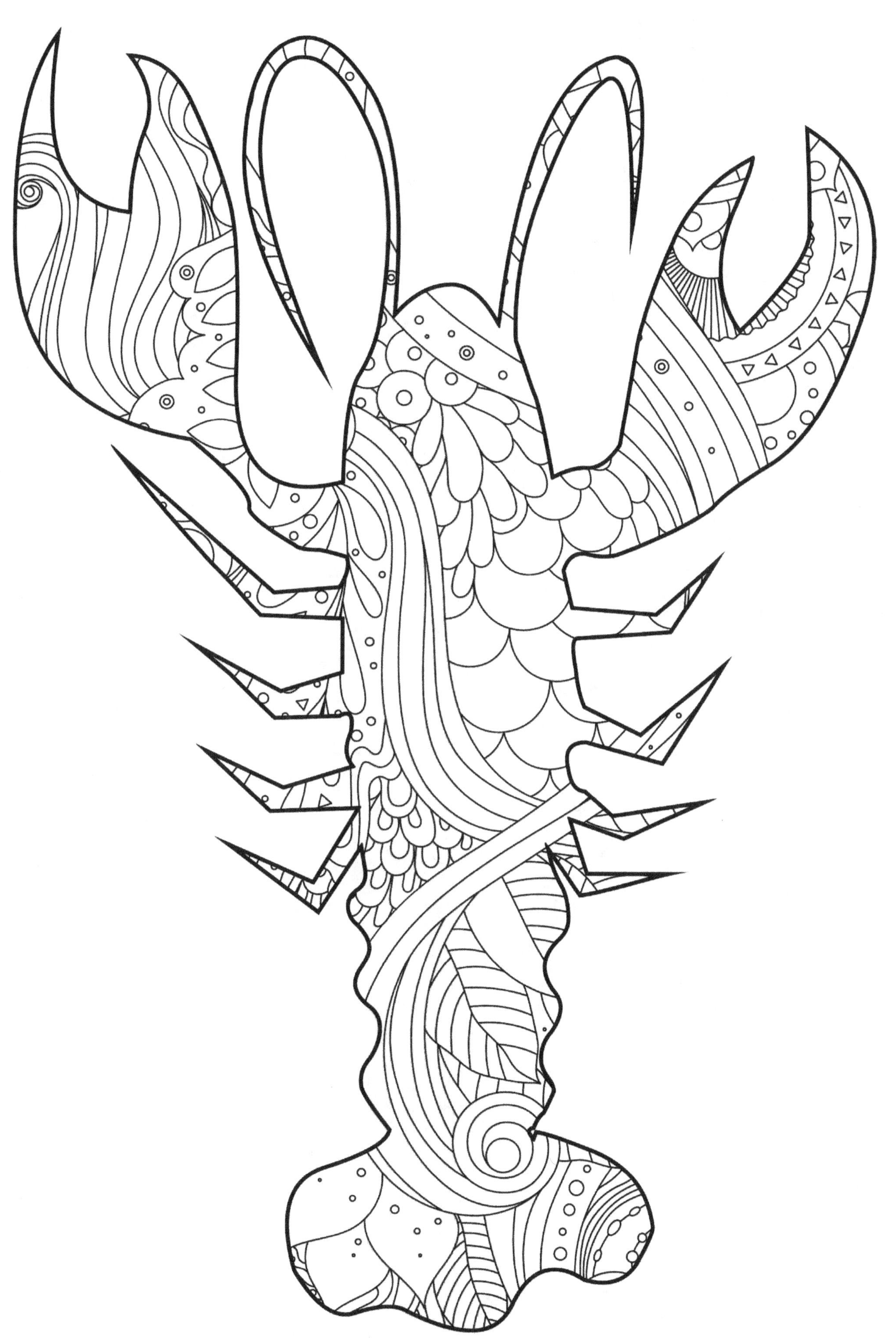

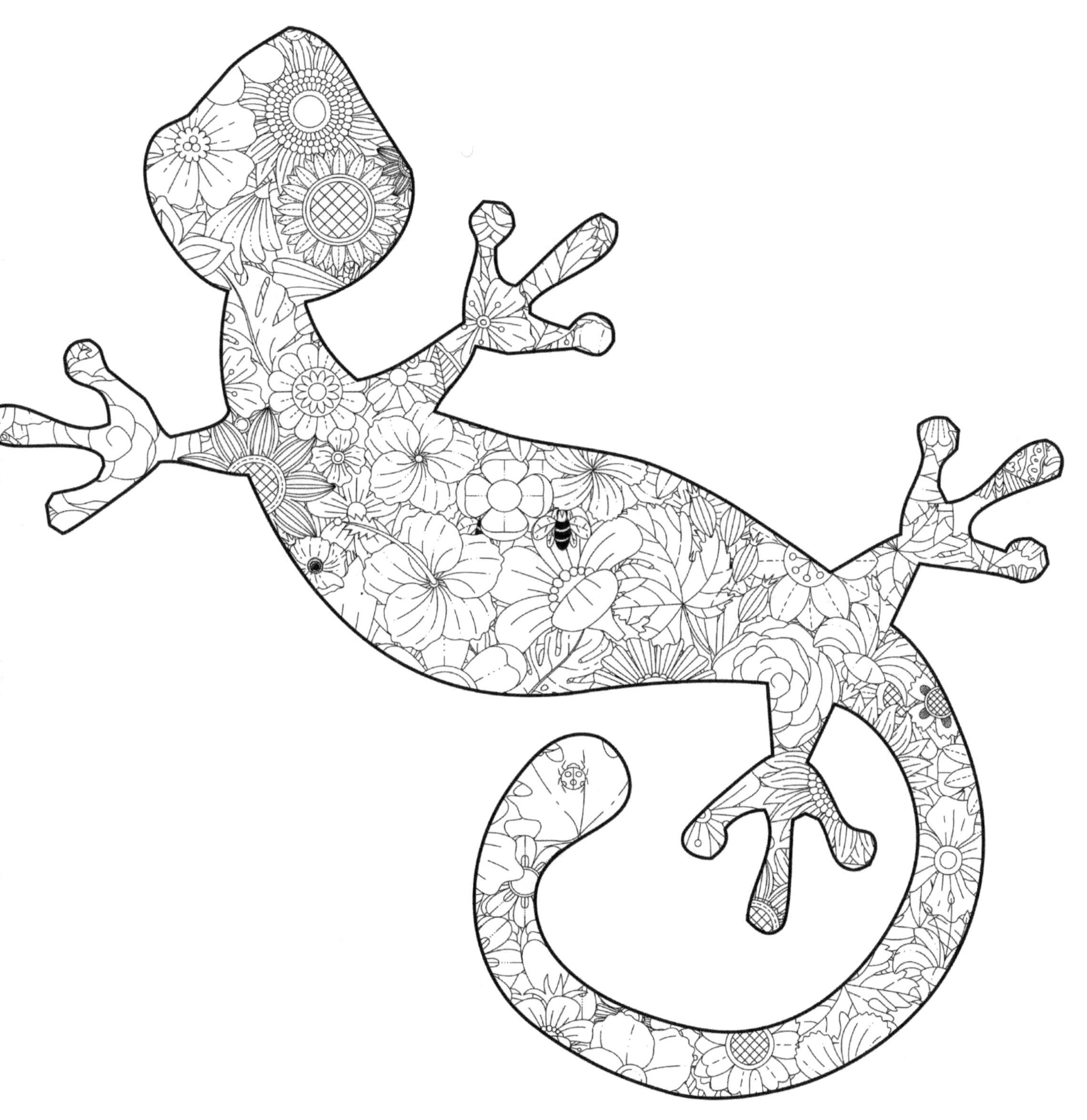

Impressum
Nils Dreisvogt
Leppinghof 1, 44143 Dortmund, Deutschland
dani.coloring@gmail.com
(c) 2020
Alle Rechte vorbehalten
Enthält veröffentlichte Inhalte der Nutzer "Ahsancomp Studio", "Fayne",
"KDP_Interior_101" & "digitalcornershop" via creativefabrica.com -
Kommerzielle Lizenz erworben
Druck und Bindung: Amazon Media EU S.à r.l., 5 Rue Plaetis, L-2338,
Luxembourg

ISBN: 9798573346915